O USO DA ROBÓTICA NO DESENVOLVIMENTO DE ATIVIDADES PEDAGÓGICAS PARA O ENSINO FUNDAMENTAL

Coleção Relatos de Si

Roberto Bernardes de Matos
Marcos Roberto da Silva
Gabriel Araújo Freitas
Sinara Costa Pereira Silva

Editora IGM
2022

Dados Internacionais de Catalogação na Publicação (CIP)

M433e

Matos, Roberto Bernardes de.

Experiência como residente pedagógico em tempos de pandemia / Roberto Bernardes de Matos; Marcos Roberto da Silva; Gabriel Araújo Freitas; Sinara Costa Pereira Silva. Coleção Relatos de Si. Volume: 10. Goiânia: IGM, 2022.

26 p. : il. ; 14 cm

ISBN: 978-65-80508-63-1

1. Educação. 2. Tecnologias. 3. Robótica. 4. Matemática I. Título

CDU: 37
CDD: 370

Sumário

Introdução

Durante o módulo I do Programa Federal Residência Pedagógica ocorreram diversos encontros e seminários mensais, todos realizados de forma remota (em ambientes virtuais) em virtude do distanciamento social causado pela pandemia da Covid-19, e contando com a presença dos grupos de residentes pedagógicos e dos professores preceptores. Logo, a partir desses encontros foram discutidas e produzidas duas "Propostas de Aprendizagem em Matemática com o uso da Robótica", na perspectiva da

Educação Matemática Inventiva (SILVA, 2020; SILVA & SOUZA JR. 2019, 2020a, 2020b).

Assim, todos os materiais produzidos neste trabalhado estiveram articulados com as competências e habilidades propostas pela Base Nacional Comum Curricular (BNCC), a qual propõe que as aprendizagens essenciais devem assegurar aos estudantes o desenvolvimento de competências gerais que "consubstanciam, no âmbito pedagógico, os direitos de aprendizagem e desenvolvimento" (BRASIL, 2018, p.8).

O presente relato entre outros (COSTA et al., FERNANDES et al., LEÃO et al.,

NASCIMENTO et al., LOPES SILVA et al., DA SILVA et al., ALVES et al.) são frutos das ações e experiências realizadas pelos residentes pedagógicos.

Nos três módulos do Programa de Residência Pedagógica foram produzidos materiais didáticos e planos de aulas para a realização de regências on-line na escola-campo. Além disso, trabalhamos continuamente na produção de artigos científicos, resumos e relatórios/apresentações, que foram utilizados nos eventos científicos realizados ao longo do período de 18 (dezoito) meses. Essas horas trabalhadas foram contabilizadas para a conclusão da carga horária do programa.

Resultados e Discussão

Os grupos de pesquisa criaram 11 (onze) problemas inventivos de Matemática, todos relacionados aos conteúdos de Polígonos Regulares. Esses problemas foram trabalhados com o objetivo de provocar experiências de aprendizagens com os alunos do 7º (sétimo) ano, do Colégio Estadual da Polícia Militar de Goiás (CEPMG) – Dr. Pedro Ludovico, localizado na cidade de Quirinópolis - GO.

Nesse sentido, para a realização das aulas, foram produzidas uma maquete, denominada Mundo Inventivo, e um vídeo[1] de aproximadamente cinco minutos, o qual ilustrava o dispositivo robótico circulando pela maquete. O vídeo também destacava os objetos distribuídos no ambiente do mundo inventivo. Esse procedimento foi necessário devido à necessidade da substituição da aula presencial, em função das medidas de segurança sanitárias adotadas devido à pandemia provocada de covid-19.

Os resultados das atividades realizadas nesse primeiro módulo foram apresentados

---

[1] Disponível em: https://www.youtube.com/watch?v=DSjoE4BnRBE&t=1s

como Comunicação Oral no evento científico XVI Seminário de Ensino, Pesquisa e Extensão (SEPE) com a temática "Formação universitária e atuação profissional: possibilidades para o cenário pós-pandemia", na modalidade on-line, promovido pela UEG - Universidade Estadual de Goiás, Câmpus Sudoeste, no período de 08 (oito) a 11 (onze) de dezembro de 2020.

Nesta etapa elaboramos um novo vídeo[2], de aproximadamente dois minutos, e produzimos 14 novos problemas de

---

. Acesso em 11 mar. 2022.

Matemática relacionados aos conteúdos de Sólidos Geométricos que foram trabalhados com os alunos do 8º (oitavo) ano, do CEPMG – Dr. Pedro Ludovico, localizado na cidade de Quirinópolis - GO.

Os resultados das atividades realizadas nos módulos I e II foram apresentados como Comunicação Oral no evento I Seminário Interno dos Programadas PIBID e Residência Pedagógica da Universidade Estadual de Goiás, sob o título "O uso da Robótica nas Aulas Remotas de Matemática de um Colégio

---

[2] Disponível em: https://youtu.be/I8iel7RxEvQ. Acesso em 15 fev. 2022.

da Polícia Militar de Goiás", realizado em formato on-line, no entre os dias 07 (sete) e 09 (nove) de abril de 2021.

Os artigos produzidos a partir das experiências realizadas nos módulos I e II foi apresentado e publicado nos anais dos eventos XVIII Semana Acadêmica de Matemática (XVIII SEMAT); IX Encontro Regional de Educação Matemática (IX EREM) e V Encontro de Pós-Graduação Lato-Sensu em Educação e Educação Matemática (V EPOLEM) realizados no período de 25 (vinte e cinco) a 28 (vinte e oito) de outubro de 2021.

Produzimos um artigo científico sob o título "Educação Matemática Inventiva com o uso da robótica: uma experiência de aprendizagem nos anos finais do Ensino Fundamental", a partir das experiências realizadas nos módulos I e II. Logo, o artigo foi aceito e publicado nos anais do evento VIII Congresso de Ensino, Pesquisa e Extensão (VIII CEPE) realizado no período de 01 (um) a 03 (três) de dezembro de 2021.

No terceiro módulo realizamos o Projeto de Intervenção Pedagógica presencialmente com os estudantes de quatro turmas do 8º ano da escola-campo. Com todos os residentes pedagógicos devidamente vacinados, e com o controle parcial da pandemia de Covid-19, foi possível interagir com os alunos, respeitando as diversas medidas de segurança sanitária, como o uso obrigatório de máscaras e a utilização de álcool 70% para higienização das mãos e dos materiais utilizados.

Ao término das aulas observamos que foi possível provocar experiências de aprendizagem, por meio de nossas ações e práticas de *Educação Matemática Inventiva* (SILVA 2020, SILVA & SOUZA JR. 2019, 2020a, 2020b). Notamos que a maioria dos alunos entenderam a proposta e conseguiram aprender de uma forma diferente, com um bom aproveitamento do material desenvolvido e sem que houvesse perdas na qualidade das aulas.

Os resultados dos trabalhos, sob o título "Educação Matemática Inventiva com o uso da Robótica no Desenvolvimento de Atividades Pedagógicas para o Ensino Fundamental" foram aprovados para apresentação no evento XVI Seminário de Ensino, Pesquisa e Extensão (SEPE), na modalidade Comunicação Oral on-line, promovido pela UEG - Universidade Estadual de Goiás, Câmpus Sudoeste, no período de 09 (nove) a 11 (onze) de março de 2022.

Ao término da produção de nossas "Propostas de Aprendizagem em Matemática com o uso da Robótica" publicamos um livro com 40 (quarenta) problemas de Matemática envolvendo o uso da robótica em Interação Virtual. Essas atividades podem ser acessadas por um endereço eletrônico ou pela leitura de um QR Code, o que caracteriza a obra como um "livro híbrido"[3].

---

[3] Disponível em: https://clubedeautores.com.br/livro/matematica-com-robotica

Considerações Finais

O trabalho com a *Educação Matemática Inventiva* proporcionou aos participantes do grupo de pesquisa a descoberta de uma série de soluções e possibilidades criativas, as quais não somente enriqueceram o trabalho desenvolvido, mas também proporcionaram uma experimentação única, capaz de agregar valor ao currículo acadêmico de todos, pois tratou-se de uma Proposta Educacional desafiadora.

Referências

Alves, G. H., da Silva, M. R., Freitas, G. A., & Silva, S. C. P. (2022). TC6 ENSINAR MATEMÁTICA DE UMA FORMA DIFERENTE. ***Anais do Seminário de Ensino, Pesquisa e Extensão do Câmpus Sudoeste, 1, 103-111.*** Disponível em: < https://www.anais.ueg.br/index.php/sepe_sudoeste/article/view/15173/12128>. Acesso em: 07 fev. 2022.

BRASIL. Ministério da Educação. Base Nacional Comum Curricular – Versão Final. Brasília, 2018. Disponível em: <encurtador.com.br/akyzP>. Acesso em: 21 jan. 2022.

Costa, K. G., da Silva, M. R., Freitas, G. A., Garcia, D. F., & Zuliani, L. B. P. (2022). TC5

EDUCAÇÃO MATEMÁTICA INVENTIVA: PRODUZINDO PROPOSTAS EDUCACIONAIS DE MATEMÁTICA. ***Anais do Seminário de Ensino, Pesquisa e Extensão do Câmpus Sudoeste, 1, 93-102.*** Disponível em: < https://www.anais.ueg.br/index.php/sepe_sudoeste/article/view/15171/12127>. Acesso em: 07 fev. 2022.

de Oliveira Nascimento, E. M., da Silva, M. R., Freitas, G. A., & Silva, S. C. P. (2022). TC1 APRENDIZADO PEDAGÓGICO EM PERÍODO DE PANDEMIA: UMA EXPERIÊNCIA EDUCACIONAL COMO RESIDENTE DE MATEMÁTICA NA UNIVERSIDADE ESTADUAL DE GOIÁS. ***Anais do Seminário de Ensino, Pesquisa e Extensão do Câmpus Sudoeste, 1, 59-66.*** Disponível em: < https://www.anais.ueg.br/index.php/sepe_sudoeste/article/view/15167/12121>. Acesso em: 07 fev. 2022.

da Silva, M. P., da Silva, M. R., Freitas, G. A., & Garcia, D. F. (2022). TC9 INTERVENÇÃO PEDAGÓGICA COM ROBÓTICA NO PROGRAMA FEDERAL RESIDÊNCIA PEDAGÓGICA. ***Anais do Seminário de Ensino, Pesquisa e Extensão do Câmpus Sudoeste, 1, 129-136.*** Disponível em: <https://anais.ueg.br/index.php/sepe_sudoeste/article/view/15176/12130>. Acesso em: 07 fev. 2022.

dos Santos Leão, M., da Silva, M. R., Freitas, G. A., & Garcia, D. F. (2022). TC12 RELATO DE EXPERIÊNCIA: EDUCAÇÃO MATEMÁTICA INVENTIVA COM ROBÓTICA. ***Anais do Seminário de Ensino, Pesquisa e Extensão do Câmpus Sudoeste, 1, 152-159.*** Disponível em: <https://anais.ueg.br/index.php/sepe_sudoeste

/article/view/15179/12134>. Acesso em: 07 fev. 2022.

Fernandes, D. M., da Silva, M. R., Freitas, G. A., & Garcia, D. F. (2022). TC3 EDUCAÇÃO MATEMÁTICA INVENTIVA COM ROBÓTICA EM TEMPOS DE PANDEMIA. ***Anais do Seminário de Ensino, Pesquisa e Extensão do Câmpus Sudoeste, 1, 76-83.*** Disponível em: <https://www.anais.ueg.br/index.php/sepe_sudoeste/article/view/15169/12126>. Acesso em: 07 fev. 2022.

KASTRUP, V. **A invenção de si e do mundo: uma introdução do tempo e do coletivo no estudo da cognição**. Belo Horizonte: Autêntica, 2007a. 256 p.

KASTRUP, V. **Aprendizagem, arte e invenção. Psicologia em Estudo**, Maringá,

v. 6, n. 1, p. 17-27, jan./jun. 2001. DOI: https://doi.org/10.1590/S1413-73722001000100003. Disponível em: http://www.scielo.br/pdf/pe/v6n1/v6n1a03.pdf. Acesso em: 10 fev. 2022.

MATARIĆ, M. J. **Introdução à robótica** / tradução Humberto Ferasoli Filho, José Reinaldo Silva, Silas Franco dos Reis Alves. São Paulo: Editora Unesp/Blucher, 2014.

MATURANA, H..; VARELA, F.. A árvore do conhecimento. Tradução Jonas Pereira dos Santos. São Paulo: Editorial Psy II, 1995.

SILVA, Náabis Lopes et al. TC4 EDUCAÇÃO MATEMÁTICA INVENTIVA: GEOMETRIA PLANA E ESPACIAL UTILIZANDO A ROBÓTICA. **Anais do Seminário de Ensino, Pesquisa e Extensão do Câmpus Sudoeste**, v. 1, p. 84-92, 2022. Disponível em: <https://anais.ueg.br/index.php/sepe_sudoeste/article/view/15170/12125>. Acesso em: 07 fev. 2022.

SILVA, M. R., SOUZA. JR., A. J. O uso da robótica na perspectiva da educação matemática inventiva. **ETD - Educação Temática Digital**, 22(2), 406-420. 2020a. https://doi.org/10.20396/etd.v22i2.8654828. Disponível em: <https://periodicos.sbu.unicamp.br/ojs/index.php/etd/article/view/8654828/22391>. Acesso em: 12 mar. 2022.

SILVA, M. R., SOUZA. JR., A. J. Educação Matemática Inventiva: interfaces entre universidade e escola. Revista de Ensino de Ciências e Matemática (REnCiMa), v. 11, p. 212-224, 2020b. DOI: https://doi.org/10.26843/rencima.v11i3.2463.

Disponível em: <https://revistapos.cruzeirodosul.edu.br/index.php/rencima/article/view/2463/1266>. Acesso em: 07 fev. 2022.

SILVA, M. R. Experiência com robótica educacional no estágio-docência: uma perspectiva inventiva para formação inicial dos professores de matemática. 2020. 252 f. Tese (Doutorado em Educação) – Universidade Federal de Uberlândia, Uberlândia, 2020. DOI: https://doi.org/10.14393/ufu.te.2020.222. Disponível em: https://repositorio.ufu.br/handle/123456789/29034. Acesso em: 30 jan. 2022.

SILVA, M. R., SOUZA. JR., A. J. Educação Matemática Inventiva: fruto de uma pesquisa com o uso de robótica no estágio-docência. In: XIII ENEM - Encontro Nacional de Educação Matemática. 2019. Cuiabá-MT.

Portal de eventos - sbem / Mato Grosso. Disponível em: <https://www.sbemmatogrosso.com.br/eventos/index.php/enem/2019/paper/view/681>. Acesso em: 30 jan. 2022.

SILVA, M. R. Matemática com Robótica: propostas de aprendizagem com interação virtual. Coleção Educação Matemática Inventiva. Livro Híbrido, volume: I. Goiânia: IGM, 2021. 25 p. Disponível em: <https://clubedeautores.com.br/livro/matematica-com-robotica>. Acesso em 27 mar. 2022.

SILVA, M. R. Matemática com Robótica: propostas de aprendizagem com interação virtual. Coleção Educação Matemática Inventiva. Livro Híbrido, volume: II. Goiânia: IGM, 2021. 25 p. Disponível em: <https://clubedeautores.com.br/livro/matema

tica-com-robotica-iii>. Acesso em 27 mar. 2022.

SILVA, M.R. Matemática com Robótica: propostas de aprendizagem com interação virtual. Coleção Educação Matemática Inventiva. Livro Híbrido, volume: III. Goiânia: IGM, 2021. 25 p. Disponível em: <https://clubedeautores.com.br/livro/matematica-com-robotica-ii>. Acesso em 27 mar. 2022.

www.ingramcontent.com/pod-product-compliance
Lightning Source LLC
LaVergne TN
LVHW040939150826
845672LV00008B/2443